# BIOGRAPHIE

# D'ARNAUD MOULENQ.

> O Dieu CENT-SOUS, tu peux dormir tranquille sur tes deux oreilles ! Ta divinité ne sera contestée par personne ; on ne touchera pas à ta religion sainte !
>
> ALBÉRIC SECOND.

Imprimerie de B.-C. Latour, cours Saint-Antoine, 12.

1864.

# Cher Emmanuel,

L'homme a des devoirs à remplir envers ses semblables, tant qu'il est homme, ou en tant qu'il est membre de la société domestique ou politique ; à cet âge où vous entrez dans le monde je n'ai cru mieux faire que d'exposer, à vol d'oiseau et dans une biographie sommaire, des exemples de famille consolants pour votre jeune cœur et propres à guider vos pas dans le chemin du beau et du bien !

Pardonnez-moi le décousu de ma narration.

J'ai oublié la méthode pour suivre les inspirations de mon cœur.

Il est tout dévoué à vous et aux vôtres !.... Les ingrats sont des monstres !....

*A. D.*

# PROLOGUE.

Cette biographie n'est pas une manœuvre : nous ne sommes ni machiniste, ni soldat, ni marin. Nous ne pratiquons ni le juste-milieu qu'Horace recommandait aux poètes de son temps; ni ce juste-milieu que Louis-Philippe a vainement essayé d'apprendre aux politiques du sien. Nous ne sommes pour personne systématiquement; nous sommes pour les principes, notre plume n'est ni mercenaire, ni hostile à qui que ce soit. Nous sommes pour les hommes de progrès et de bonne volonté.

Nous avons pris la résolution de faire des études biographiques, comme il plaît à l'amateur photographe de faire des photographies, avec la différence que les photographes prennent parfois de laids personnages, nous ne prenons que les beaux. Nous irons de 1793 à 1864; les documents que nous avons nous faciliteront ce travail.

Notre tâche, non plus, ne sera pas dangereuse : dans ce long espace de temps, les Maires qui ont administré Valence ont tous été, sans une seule exception à faire, des homme d'un patriotisme à toute épreuve et d'une honorabilité sans tache! Malheureusement des divisions intestines ont paralysé les efforts de quelques-uns. Nous prendrons les hommes sans distinction dans tous les partis. Partout où nous trouverons une bonne action à mettre en évidence nous le ferons, car nous sommes fiers de notre pays, comme une jeune mariée peut l'être de sa couronne d'oranger. Si, cependant après un travail sérieux et consciencieux, quelque invective nous arrive, nous la laisserons passer sans nous plaindre : il est des hauteurs où le trait lancé n'arrive pas.

A. D.

# BIOGRAPHIE.

I

J'ai lu quelque part, je crois bien que c'est de Bréant : Le monde social est figuré par une énorme sphère soutenue dans le vide par la loi toute puissante de l'équilibre. Cette sphère se meut sur un axe qu'on nomme argent, et dont les deux pôles sont l'intérêt et la vanité. Le besoin est le méridien que l'on est convenu de choisir pour compter le nombre infini de degrès, subdivisions de l'étendue du monde. La fortune est l'échelle dont les hommes se sont servis pour mesurer la distance que la naissance ou le hasard a mise entre eux. Cet horizon qui s'éloigne à mesure que l'on approche, et qui s'évanouit quand on arrive, s'appelle poétiquement l'Espérance. Les hommes, au nombre de onze à douze cents millions, à face blanche, jaune ou noire, ne sont que des pygmées et se croient des géants. Leur vie se passe dans une lutte éternelle. Les rusés exploitent les faciles, comme on exploite une mine inépuisable. C'est la philosophie au XIXe siècle.

Selon les pessimistes, le monde est un théâtre où chacun voudrait monter, afin d'étaler quelques misérables haillons. Ce n'est ni Rachel ni Talma interprêtant les chefs d'œuvre de Racine et de Corneille; ce n'est pas la Taglioni ramassant du grand poète Musset un quatrain sur papier velin; ce n'est ni Fanny Essler, ni Fanny Cérito, ces deux prêtresses de l'art, en jupons de tarlatane extra-fine, simulant sur un orteil la Vénus de Milo; non, le règne des *divæ* est passé......... C'est la parade; c'est la vie dans ce qu'elle a d'étroit, de passionné, de vil; c'est Valius insultant à Trissotin, c'est Aristophane insultant à Socrate, c'est Érostrate couronné de fleurs, c'est la mise en scène des petits moyens. Les gandins sont aux stalles, le demi-monde aux premières. C'est le tournoi des impertinences, des épigrammes. C'est un faquin qui se tournant vers le parterre, et après avois pris la place d'un soldat malheureux, le maréchal de Noailles, ose lui dire : « Voilà le maréchal de Noailles qui n'a jamais pris une place, même avec de l'artillerie, et qui veut aujourd'hui prendre la mienne.» Enfin, c'est Crésus travesti, dorant effrontément de son pinceau, au frontispice de sa maison, les 9 lettres caractéristiques, HACELDAMA !

Selon d'autres, et ce sont les plus sages, la vie est le voyage au désert sur la route du ciel. Les bonnes actions sont les sources d'eau claire sous les palmiers !... les haltes bienfaisantes sous un ciel de feu ! Ceux-là sont les philosophes chrétiens. Ce sont les anges de la terre, les hommes intelligents. Vous connaissez Port-Royal et Descartes, vous avez étudié les 3 livres *de officiis* de Cicéron, commenté les systèmes philosophiques de Pythagore, de Platon, de Leibnitz; l'*Influx* physique d'Euler, et vous ne savez pas être bienfaisant ! A quoi sert donc votre prétendue science ?

M. Arnaud Moulenq, dont je viens faire la biographie malgré la faiblesse de ma plume, fut un chrétien philosophe. Qu'il me pardonne, du sein de Dieu où il repose, de mettre en évidence une vie passée à faire de bonnes œuvres ; ce sera un exemple pour d'autres et l'explication d'une popularité sans tache qu'on chercherait en vain à contester à une famille honorablement placée parmi de la bourgeoisie de Valence.

## II

Cinq ans après la bataille de Fontenoy où s'illustra le maréchal de Saxe, naquit, dans Valence-d'Agen, à Bégou, Arnaud Moulenq, d'une famille d'honnête bourgeoisie. Son enfance se passa sur les pelouses embaumées, à l'ombre des grands ormes qui couronnent Bégou d'une sombre verdure. Ses premiers pas furent conduits par une mère chaste, dont tout l'esprit était au cœur, et qui donna au jeune Moulenq cette éducation de famille qui, secondée plus tard par une instruction supérieure et un caractère élevé, lui ouvrit les salons les plus recherchés du faubourg Saint-Germain, et lui fut du plus grand secours dans sa longue carrière à travers les époques orageuses qu'il eut à traverser.

Après d'excellentes études faites à Toulouse, Arnaud Moulenq alla à Paris, suivre le cours des écoles de médecine et de chirurgie. Là, son intelligence précoce, développée par un travail sérieux, le classa parmi les élèves les plus distingués. Il vécut en grande communion d'idées avec Cabanis, médecin, philosophe et littérateur distingué, l'élève assidu de Brisson, le traducteur de l'*Iliade*, l'ami et le médecin de Mirabeau ; avec Corvisart, le disciple de Désault, de Leclerc, d'Antoine Petit, de Desbois de Rochefort ; Corvisart qu'on a appelé l'Hypocrate français. Il fut l'intime ami de Pinel, médecin en chef de l'hospice de la Salpétrière, l'auteur de *la Nosographie philosophique*, l'ami de Geofroy Saint-Hilaire.

Ses études médicales terminées, M. Moulenq rentra dans sa ville natale pour y pratiquer la médecine. Ses débuts furent heureux : à cette époque, Valence et ses environs étaient décimés par les fièvres intermittentes pernicieuses, M. Moulenq fut à même de prouver à ses concitoyens que quoique jeune encore, il était observateur judicieux ; et partageant son temps entre l'étude et la pratique médicale, il composa un mémoire remarquable sur le caractère et le traitement des maladies périodiques, mémoire qui fut couronné par l'Académie impériale de médecine, et lui valut une médaille d'or. Dès lors sa réputation grandit et il devint, à juste titre, le médecin à la mode.

III.

Bellecombe où j'ai reçu l'hospitalité d'une famille qui me sera toujours chère, Bellecombe tu as perdu l'éclat de ta première jeunesse, mais tu es encore beau et blanc au soleil......; j'aime tes pelouses fleuries, ta vigne dorée sur le rocher, tes pruniers couverts des topazes de l'automne, ta fontaine sous sa housse d'émeraude, tes gorges pleines de parfums et de moissons d'or, tes grands bois où je lisais, de Méry, *les Damnés de l'Inde*, et où je rêvais de Pondichery, dont M. de Bellecombe avait été le héros..., De Bellecombe dont la grande figure m'apparaissait en rêve dans le grand salon aujourd'hui désert! De Bellecombe à qui Lafayette écrivait de Boston : « Il faut que les mers nous séparent pour que je n'aille pas me jeter dans vos bras. » De Bellecombe l'ami du sultan de Mysore, des Turgot, des maréchal de Broglie et des princes du premier empire. De Bellecombe de qui Pavie disait dans *le Moniteur officiel* du 3 août 1853, rappelant l'époque glorieuse de 1778 : « Pondichéry succombait une fois encore à la suite d'un siége mémorable qui fit le plus grand honneur au gouverneur M. de Bellecombe. » Et l'historien Anquetil : « M. de Bellecombe, après quarante jours de tranchée ouverte, se trouva dans la nécessité de capituler après avoir combattu en héros. »

Et à ces souvenirs mes yeux se portaient des fenêtres du grand salon sur un espace de dix mètres carrés peuplé de cyprès. C'est là que repose M. de Bellecombe qui, en 1793, mariait sa fille unique à M. Arnaud Moulenq.

Ce brillant mariage suscita à ce dernier de nombreux procès qui absorbèrent son temps et l'éloignèrent peu à peu de la pratique médicale. Dans la poursuite de ces procès, sans cesse renaissants, il acquit une grande connaissance de nos lois civiles, et il eut, dans les affaires litigieuses, la réputation d'un avocat consommé.

Son instruction, son éducation parfaite lui donnèrent une haute position sociale, et sa maison devint ce qu'on appelait alors le rendez-vous du grand monde. Mais le pauvre ne fut pas oublié et fut pour lui le grand œuvre.

Nous sommes en décembre, la bise souffle glacée, le salon de M. Moulenq est chaud et rempli d'amis qui viennent le voir. Mais où donc est-il, lui?....... Les rues sont désertes, tout le monde est près du feu?..,... M. Moulenq est allé à une heure de Valence, voir un pauvre malade et lui apporter une offrande !........ Sa médecine est gratuite et les frais du pharmacien sont souvent à sa charge.

Nous sommes au mois des fleurs, il est 7 heures; les gens sont sur leur porte........, tout-à-coup tout ce monde se lève pour saluer un Monsieur noble et beau qui passe, son chapeau à la main..... Quel est cet homme, objet de la vénération publique?...... Cet homme est la providence des pauvres, cet homme s'appelle Arnaud Moulenq.

## IV

C'est ici le moment de parler des sentiments politiques de M. Moulenq. L'ami des Cabanis, des Corvisart, des Pinel avait l'âme ouverte à l'enthousiasme pour la patrie. Honnête homme, ses yeux s'étaient remplis de larmes aux infortunes royales des Bourbons; mais avant tout homme énergique et de progrès, il avait battu des mains à nos premières victoires, et vu sans pâlir les premiers actes de la révolution. Le Judas des rives du Jourdain n'est pas le seul Judas de cette terre ! Judas est cosmopolite et sa race est éternelle. Arnaud Moulenq, dénoncé comme sommité au tribunal révolutionnaire, fut arrêté en 1793 et écroué dans les prisons d'Agen. Mademoiselle de Bellecombe versa toutes les larmes de son cœur. Après un an d'exil M. Moulenq revint dans sa ville natale où une ovation brillante l'attendait. Quelque temps après Mademoiselle de Bellecombe était mère d'un enfant qu'on baptisa Xavier.

Ce fut l'héritier de ses vertus et de sa bienfaisance. D'une éducation de famille remarquable, populaire, d'un caractère noble et sympathique, maire et conseiller-général, lui aussi devait arriver à une haute position sociale ; mais lui aussi devait éprouver l'ingratitude des hommes, et passer des Hosanna de Jérusalem à la Croix du Golgotha !.... Mais je m'arrête ma plume serait mordante, et je ne voudrais pas qu'un dégoût profond, pour les choses d'ici-bas, m'empêchât de finir cette noble biographie. Jetons un voile de deuil sur le passé, et disons comme l'Arabe au désert : *Scriptum erat.*

Le Directoire avait remplacé la Convention nationale ; le Consulat, le Directoire et l'aurore du premier Empire arrivait. M. Moulenq, dont on appréciait le noble caractère et dont on connaissait les sentiments patriotiques, fut nommé maire de Valence. Son autorité incontestée et paternelle rayonnait dans tout le canton, et les Maires des environs venaient s'inspirer de ses lumières. Il leur donnait une part de l'enthousiasme qui remplissait son âme, il leur lisait dans ses salons *le Moniteur officiel* de nos victoires, leur parlait du Restaurateur de nos lois et de notre religion et dépensait ses forces à soutenir un pouvoir colossal qui menaçait de s'abîmer.

Dans ce temps-là, Dieu lui avait donné une fille, Hébé Moulenq, aujourd'hui Madame de Valada, spirituelle et bonne comme un ange, douce comme la charité !....

V

Après la campagne de Russie, les Prussiens remplissaient le pays jusqu'à l'Oder, une armée anglaise sous Wellington était en Espagne, Bernadotte avait refusé de s'unir à Napoléon, Moreau était à la tête des armées Russes, les jeunes gens des États de la Confédération du Rhin allaient joindre les armées prussiennes, une effervescence agitait l'Allemagne ; la France, qui avait fait d'admirables efforts, venait de perdre 50,000 hommes à Leipsick, M. Moulenq, toujours maire, déployait, durant ces temps-là, une énergie incroyable, et maintenait la réaction après l'abdication de Fontainebleau. Comme devait le faire plus tard son fils M. Xavier, il épargna à sa ville natale des larmes et du sang. Vous, hommes de tous les partis, de toutes les classes, qu'il a sauvés des passions politiques, si vous pouviez soulever la pierre du sépulcre, vous viendriez dire si je mens.

Puis vinrent les Cent Jours, Arnaud Moulenq resta encore Maire, et assista, ceint de l'écharpe municipale, à ce dernier duel de l'Europe et de l'Empire, dont le coup mortel pour la France, fut Waterloo!

Il pleura sur cette glorieuse défaite et rentra, sous la Restauration, dans la vie privée.

Il conserva néanmoins toujours la prépondérance qu'il avait acquise dans le pays et qui était la récompense des services qu'il avait rendus à ses concitoyens reconnaissants.

## VI

C'était le 15 décembre de l'an 1821, année néfaste où l'Angleterre après avoir tué par Hudson Lowe Napoléon à Ste-Hélène, clouait le cadavre sur l'échafaud. La nuit était brumeuse et glacée, M. Arnaud Moulenq reposait dans sa couche ; il pouvait être d'une à deux heures du matin.

Soudain des coups frappés à la porte de sa maison réveillent les échos du grand corridor et le forcent à se lever. « Monsieur, dit une femme, en se jetant à ses pieds, Monsieur, je vous en supplie, venez en toute hâte, ma fille, mon Henriette se meurt ! »

Arnaud Moulenq prit son manteau, et suivit la pauvre femme sur la route de G....... à 15 minutes de la ville.

Par une porte basse, tapissée de mousse et de chèvre-feuille flétri, il entra dans un pauvre réduit. Une seule lampe l'éclairait et jetait sur la figure de la malade des reflets qui lui donnaient l'air d'une morte ; il n'y avait pas de feu dans la cheminée, et l'on était au cœur de l'hiver !

Voyez comme elle est pâle, dit la mère, en s'avançant d'un lit sans rideaux ! .. Autrefois elle était fraîche et ses lèvres étaient vermeilles ! .......... C'était le rayon de soleil qui danse sur l'eau, la goutte de rosée qui brille comme un diamant aux calices des roses ! ..... M. Moulenq écarta la mère avec la main et s'avança inquiet vers le lit.

Il prit le bras blanc de l'enfant, le pouls ne battait

plus. Il souleva la tête blonde de la chérubine, elle retomba inerte sur l'oreiller. Le froid le saisit, il mit précipitamment la main sur le cœur de la petite fille, ce cœur était glacé. Il se retourna vers la mère qui, chancelante, les yeux hagards, le regardait.«Vous n'avez que cette enfant?— Oui, Monsieur, elle est bien mal, n'est-ce pas? mais vous, Monsieur, vous la sauverez! —Il est des situations, Madame, que les médecins ne peuvent changer! La mère ne comprit pas et reprit:

—Voyez-vous, Monsieur, elle ne mourra pas: Dieu m'aime! Depuis cinq ans que je suis veuve, je suis restée honnête et pauvre!

Mais vous pleurez, ajouta-t-elle tout à coup, en regardant fixement M. Moulenq qui pleurait en effet, mon enfant, mon Henriette serait-elle morte! Et elle se précipitait sur le lit, pendant qu'Arnaud Moulenq sortait désespéré, laissant cent francs sur la cheminée de la chambre.

## VII

J'ai toujours pensé que pour le juste le plus beau jour de la vie est celui de la mort!

Nous sommes au 6 juillet 1830.

M. Moulenq sur son lit de souffrance est à sa dernière heure, il arrive à cette mort si poétique, parcequ'elle touche aux choses immortelles, si mystérieuses à cause de son silence! Déjà, comme dit le poète :«Son âme, à moitié échappée de son corps, devient presque invisible sur son visage, déjà il entend les concerts des séraphins, déjà il est prêt à s'envoler vers les régions où l'invite l'espérance divine. Cependant l'ange de la paix, descendant vers lui, touche de son sceptre d'or ses yeux fatigués et les ferme délicieusement à la lumière, il meurt et l'on n'a point entendu son dernier soupir; il meurt et longtemps après qu'il n'est plus, ses enfants font silence autour de sa couche, car ils croient qu'il sommeille encore !.....

## VIII

### ÉPILOGUE.

A présent, cher lecteur, permettez-moi une petite malice. Vous savez que les français sont le peuple le plus spirituel du monde, et que notre ville natale est éminemment française sous ce rapport. Comme je connais votre perspicacité, je vous en laisse la conclusion.

On faisait une élection à Sparte, sur 28 sénateurs à élire, un noble spartiate n'arriva que le 29e au dépouillement des votes; il rentra chez lui tout joyeux. Sa femme lui demanda l'explication de sa joie. Ah ! répondit le noble spartiate, je suis joyeux de ce que sur 28 sénateurs, je ne suis arrivé que le 29e.

Sa femme ne comprit pas. —Tu ne saisis pas, reprit le spartiate. Sur 29 spartiates, 28 valent plus que moi, et j'adore ma patrie ! Combien Sparte va être heureuse !

A. D.

NOTA BENE.— En dehors d'une lettre de remerciemes
de notre spirituel et bien aimé Préfet, en dehors d'u
lettre du président de l'Académie des belles-lettres
Montauban, M. Garisson, qui veut bien appeler « rema
quables » nos faibles essais; en dehors de l'article d'
intelligent journaliste et d'un député spirituel par dess
tout, nous avons reçu, de Valence-d'Agen, une lettre an
nyme pleine d'invectives. Nous sommes désolé d'avoir p
déplaire à cet ami caché, et nous le prions, s'il nous éc
encore, de signer sa lettre. Nous sommes tout disposé
rompre courtoisement avec lui une lance dans le cham
littéraire; mais au moins, levez la visière, chevalier noir

—

Nous donnerons prochainement une étude de genre : L
*fille da pauvre*, avec addition : *Histoire d'un chapelet*.

Agen, Imp. B.-C. Latour.

www.ingramcontent.com/pod-product-compliance
Lightning Source LLC
Chambersburg PA
CBHW071443060426
42450CB00009BA/2286